Kazh wird zweisprachig

Kazh devient bilingue

Aurélie Guetz

M : Also dann, ich höre dir zu … Sag mir ein Wort mit der, die und das … auf Deutsch !

K : Et ben … le chat … la copine … le lapin !

K : Ja ! Ohne Witz ! Ich werde … zweisprachig !

An Snehasis, mein Hindi-Sprachtandem,
Denn ich kenne niemanden,
der so schnell und gut die deutsche Sprache erlernt hat.

Widmung : **A Snehasis, mon tandem pour la langue hindi**, parce que je ne connais personne d'autre qui ait appris si vite et si bien la langue allemande.

Sommaire Inhaltsverzeichnis

Mode d'emploi – Anleitung

Concept bilingue de la BD

2-sprachiges Konzept des Comics

M : **C'est une BD bilingue !** K : Jede Figur spricht ihre Muttersprache.

M : Le papa est allemand … Il parle allemand !

K : Die Mama ist Französin … Sie spricht Französisch.

M : Pour bien différencier les deux langues, toutes les phrases en allemand sont écrites en script …

K : … und alle Sätze auf Französisch sind in Schreibschrift geschrieben !

Mode d'emploi – Anleitung

Concept bilingue de la BD
2-sprachiges Konzept des Comics

Zur Vertiefung – Pour approfondir

Conseils musicaux en lien avec la BD
Musikalische Empfehlungen zum Comic

Es gibt nichts Besseres als tolle Lieder, um eine Sprache zu erwerben ! Kazh und Myrtille möchten dir ein paar Tipps geben, damit du Musik auf Französisch, Deutsch, in beiden Sprachen und sogar in einer Überraschungssprache hörst ! Viel Spaß damit!

Rien de tel que de bonnes chansons pour apprendre une langue ! Kazh et Myrtille souhaitent te faire découvrir des musiques en français, en allemand, dans les deux langues et même dans une langue surprise ! Amuse-toi bien !

Zum Kapitel 1 : Freiburg, die Fröhlichs und ich

- **« Moi, moi » d'Albin de la Simone**
- **« On s'habitue à tout »** de **Renan Luce**
- **„Erzähl' mal"** von **Deine Freunde**
- **« Porz Goret »** de **Yann Tiersen**

En lien avec le chapitre 2 : Louis XIV, le Roi-Soleil

- **« Marche pour la cérémonie des Turcs»** de **J-B. Lully**
- **„Häschen hüpf“** von **Deine Freunde**

Zum Kapitel 3 : Kennen wir uns ?

- **« C'est dans la tête »** d'**Albin de la Simone**
- **„Auf dem Wasser zu singen“** de **Franz Schubert**

En lien avec le chapitre 4 : « K » comme Kazh …

- **„Der gestiefelte Kater“** de **Zweierpasch**
- **„Schokolade“** von **Deine Freunde**

Zum Kapitel 5 : Meine Hofkaterfreunde

- **« Ça va, ça va »** de **Claudio Capéo** avec **Ben Zucker**
- **„O Täler weit, o Höhen“** von **Felix Mendelssohn Bartholdy**

En lien avec le chapitre 6: Un amour de Kazh

- **„Grenzgänger“** de **Zweierpasch**
- **« El Capitan Mantarraya »** de **El Flecha Negra**
- **« Welcome »** de **El Flecha Negra**

(1) Freiburg, die Fröhlichs und ich.

Oje, „Matschhose", ça veut dire qu'il ne fait pas beau dehors ...
Na, Kazh?
Hast du gut geschlafen?
Miau!
Vous avez entendu? Je sais même faire des „miaou" allemands, maintenant!
Schönen guten Morgen, Kazh!
Miau!
AS 19
Komm! Lass dich mal schmusen!
Oh! J'adore les câlins de bon matin!

Être enfant en Allemagne... Ça a l'air super !
Was möchtest du in deiner Brotdose, Oskar?
Salami!
Stefan leur prépare des „Brotdosen"... C'est comme un goûter... la suite du p'tit déj'...
Und du, Lotte ?
Ein Brot mit Frischkäse, bitte !
Wird gemacht !...
...kleine Prinzessin !
PAPA !
Ich werde doch bald neun !
Oh ja ! Entschuldigung !
Bonjour les loulous !
Ah, super, Oskar ! Tu as mis ton pantalon de pluie !
Oui, c'est papa qui m'a dit !

Les p'tits déj' allemands, c'est pas mal non plus...
Lotte, reichst du mir die Käseplatte, bitte?
Stefan
Ja, hier bitte!
Ils mangent du salé dès le matin! Du fromage...
... de la charcuterie ...
Kriege ich noch ein Stück Lyoner, bitte?
Ja, klar!
Et des cafés avec **tout plein de lait!**
Mist! Die Batterien vom Milchschäumer sind wieder alle!
Tschüss Papa! Tschüss, Oskar!
A plus tard, maman!
Bonne journée, ma cocotte!
Valentine
Lotte, elle est vraiment super autonome...

... Elle va à l'école à pied avec sa copine !
Morgen, Lena!
Morgen, Lotte!
Du... hast du die Matheaufgabe hingekriegt?
Ich glaube schon... aber sie war ganz schön schwer!
De retour au p'tit déj'...
Weißt du, was wir heute bauen werden?
Nein, sag' mal!
Einen Staudamm!
Spannend!
Tu as bientôt fini, Oskar?
Oui, maman!
Dis donc...
Tu iras te nettoyer le visage! Tu en as une jolie moustache!

Ein bisschen später...
Bientôt „sturmfreie Bude" comme ils disent en allemand...
A plus tard, mon chéri! Bonne journée!
Tschüss, Papa!
Tschüss, ihr Lieben!
Macht's gut!
Oh! Ich muss langsam auch los...
Alors comme ça, vous allez construire un barrage?
Oui, ça va être trop bien!
Alors Oskar, c'est fou ça... Il a cinq ans et demi et il ne va même pas à l'école! Il va au...
... „Waldkindergarten"!
AS 19

Je l'ai suivi un jour... Et bien figurez-vous qu'il n'y va que les matins et qu'il est tout le temps dans la nature...
Schau! Ich hab' ganz viel Holz gefunden!
Ach ja, das kannst du hier ausladen!
... et avec ses copains... Ils ne font... que jouer!!!
Ja, total!
Es macht ja richtig Spaß!
... par tous les temps!!!
Auf zur Schneeballschlacht!
Ich frag' Frau Walter, ob man diesen Pilz essen kann ...
Ils ont vraiment l'air de bien s'amuser! Et ils se salissent pas mal aussi!...
Ich freue mich schon auf Morgen!
C'est Valentine qui va être contente...

En fait, il apprend plein de trucs... sur la nature bien sûr, mais aussi, à gérer les conflits...
Ich bin **sauer**, weil du **immer** der Chef sein möchtest ...
... mais c'est juste que c'est un jardin d'enfants... et pas une vraie école !!!
ABC
Alors?... Oskar a eu un bon bulletin?
Maman... Je t'ai déjà expliqué plusieurs fois qu'ici, il n'y a pas d'école avant le CP...
Au jardin d'enfants? Mais quand va-t-il apprendre à lire, écrire et compter?
Maman...
Oui, mamie est de la "vieille école" comme on dit...
AS '19

Später...
Quand Valentine rentre du jardin d'enfants, on est plus que tous les deux...
Tiens, Kazh!
Miaou!
Kazh
Et oui, je réponds en français...
Valentine fait un peu de yoga...
... et puis, elle se met à ses traductions ... Et moi ...
... je savoure le calme!
Parfois, Valentine met de la musique...
Alors? Ça te plait l'Allemagne?

Am frühen Nachmittag...
Les après-midis, la maison est tout ... sauf calme!
ATTAACKE!
Et oui, les petits allemands n'ont pas école ...
... ni jardin d'enfants l'après-midi!
Ju-uh!
DiNG DONG!
Ah! Das ist bestimmt meine Geigenlehrerin!
Hallo Frau Klang!
Hallo Lotte!
Gloups...
„Geige"... ça veut dire ...
... violon!

Venez les enfants ! On va manger une glace en ville ?
Oui !!!
Parfois, Valentine a de super idées ...
Ich nehme eine Kugel Joghurt in der Waffel !
Et moi, une boule vanille... pareil, dans un cornet... comme ça, c'est „zéro déchet" !
Et moi, je reste au calme dans le jardin...
BZH

Quand Stefan rentre du travail, je reste aussi bien tranquille près de lui !
J'ai compris son secret... pourquoi il s'énerve rarement ...
Später am Abend...
Le soir, les Fröhlich mangent un "Abendbrot"...
Kazh
C'est un peu comme un pique-nique à la maison !
Kazh
Soll ich noch ein bisschen Brot schneiden?
Oui, volontiers ! Et puis tu peux apporter la soupe... Je pense qu'elle est prête !

Et comme Valentine est française et qu'elle aime bien manger chaud deux fois par jour ...
... Ils ont trouvé un compromis et mangent aussi une petite soupe !
Mmh ! Leckere Kürbis-Suppe !
Lotte
Au moment du coucher...
Chaque soir, Valentine couche les enfants et Stefan range la table...
Bonne nuit, cocotte !
Wo waren wir stehen geblieben?
Da !
... ou l'inverse... et du coup, moi... j'écoute une histoire en allemand !
Et voilà une journée-type dans ma nouvelle famille franco-allemande !

Chapitre 1: Fribourg, les Fröhlich et moi

Page 7 :

An einem schönen Herbstmorgen bei der Familie Fröhlich.

S : BONJOUR, OSKAR ! **S : C'est l'heure de SE LEVER !!!**

K : Mmmmh ?

K : Aaaahhhh ! Und wieder beginnt ein Tag im Schwarzwald.

K : Ja, ihr habt richtig gelesen. Ich wohne jetzt in Freiburg im Schwarzwald in ... Deutschland.

S : Mets ton pantalon de pluie, Oskar. Il pleut dehors.

O : D'accord, papa ! Je fais ça tout de suite !

Page 8 :

K : Mince, alors ... « Pantalon de pluie», das bedeutet, dass draußen kein schönes Wetter ist...

O : Alors, Kazh ? Tu as bien dormi ? **K : Miaou !**

K : Habt ihr gehört ? Ich kann jetzt sogar auf Deutsch « miauen ».

L : Bonjour, bonjour, Kazh ! **K : Miaou !**

L : Viens, que je te fasse un câlin ! K : Oh! Ich liebe diese Streicheleinheiten am frühen Morgen !

Page 9 :

K : In Deutschland Kind zu sein ... das scheint mir echt super !

S : Tu veux quoi sur ton pain, Oskar ? **O: Du SALAMI !**

K: Stefan bereitet ihnen « Brotdosen » vor. Das ist wie der französische Nachmittagsimbiss (« goûter ») ... (nur) die Fortsetzung des Frühstücks !

S : Et toi, Charlotte ? **L : Du pain avec du fromage frais, s'il te plait !**

S : Ce sera fait... ma p'tite princesse ! **L : PAPA! Je vais quand même bientôt avoir neuf ans !**

S : Oh oui, toutes mes excuses !

V : Hallo meine Bärchen ! Ah, super Oskar, du hast deine Matschhose angezogen !

O : Ja, Papa hat es mir gesagt.

Page 10 :

K : Die deutschen Frühstücke, die sind auch nicht schlecht ...

S : Charlotte, tu veux bien me passer le plat de fromage, s'il te plait ? **L : Oui, tiens, papa !**

K : Sie essen bereits am Morgen Salziges. Zum Beispiel Käse ... K : ... Wurst, Schinken...

O : Est-ce que je pourrais avoir encore une tranche de „Lyoner » ? **S : Oui, bien sûr !**

K : Und Kaffee mit ganz viel Milch ...

S : Mince ! Les piles du mousseur de lait sont de nouveau vides !

L : Au revoir, papa! Au revoir, Oskar! Bis später, Mama !

V : Einen schönen Tag, mein Mäuschen ! K: Lotte ist echt sehr selbständig !

Page 11 :

K : Sie geht mit ihrer Freundin zu Fuß zur Schule ! **L : Bonjour, Lena !**

Lena : Bonjour, Charlotte ! Dis voir ... tu as réussi à résoudre l'exercice de maths ?

Lotte : Je crois bien que oui ... mais il était super difficile !

Zurück beim Frühstück ...

O : Tu sais ce qu'on va construire aujourd'hui ?

S : Non, dis voir ! **O : Un barrage!** **S : Super !**

V : Bist Du bald fertig, Oskar ? O : Ja, Mama !

V : Sag mal, gehst Du dir das Gesicht waschen !? Du hast da einen hübschen Bart !

Page 12 :

Un peu plus tard...

V : Bis später, mein Liebling, einen schönen Tag! **O : Au revoir, papa !**

K : Fast **„le champ libre à la maison“**, wie man auf Deutsch sagt …
S : Au revoir, mes chéris ! Bonne journée !
S : **Oh! Lentement c'est l'heure d'y aller pour moi aussi !**
V : Also, ihr werdet einen Staudamm bauen ?
O : Ja, das wird zu schön !
K : Also mit Oskar, das ist wirklich verrückt ! Er ist fünfeinhalb Jahre alt und er geht noch nicht einmal zur Schule !
K : Er geht in den **jardin d'enfants dans la forêt …**

Page 13 :

K : Ich bin ihm eines Tages gefolgt ... Und stellt euch vor: Nicht nur, dass er dort nur morgens ist, sondern er verbringt auch die ganze Zeit in der Natur !
K (**Bulle pensée** / Gedankenblase : **O : Regarde ! J'ai trouvé tout plein de bois ! ; Sein Freund: Ah très bien, tu n'as qu'à le déposer ici !**)
K : … und sie machen nichts als spielen !
K (**Bulle pensée** / Gedankenblase : **O : On s'amuse bien ! ; Son copain : Et comment !**)
K : … bei jedem Wetter! (**Bulle pensée** / Gedankenblase : **O : Je vais demander à madame Walter si ce champignon est comestible …**)
O : C'est parti pour la bataille de boules de neige !
K : Sie scheinen echt viel Spaß zu haben ! Und sie verschmutzen sich auch nicht gerade wenig !
O : J'ai hâte d'être à demain ! K : Valentine wird sich freuen …

Page 14 :

K : Aber eigentlich lernt er viele Dinge … über die Natur natürlich, aber auch Konflikte zu regeln …
O : Je suis en colère, parce que tu veux toujours être le chef !
K : … nur ist es so, dass es ein Kindergarten ist und keine echte Schule !!!
Mamie : Also, hat Oskar ein gutes Zeugnis bekommen ?
V : Mama ! Ich habe Dir schon oft erklärt, dass es hier vor der Grundschule keine Schule gibt !
Mamie : Im Kindergarten ? Aber wann wird er lesen lernen, schreiben und zählen ?
Valentine: Mama …
Kazh : Ja, Oma ist noch von der „alten Schule“, wie man sagt …

Page 15 :

Plus tard …
K : Wenn Valentine vom Kindergarten zurückkommt, sind wir nur zu zweit.
V : Nimm, Kazh. K : Miau !
K : Und ja, ich antworte ihr auf Französisch ! K : Valentine macht etwas Yoga …
K :… und dann setzt sie sich an ihre Übersetzungen. K : Und ich … ich genieße die Ruhe.
K : Manchmal lässt Valentine Musik laufen.
K (Triskel apparait dans la bulle de rêve et dit : Also, gefällt es dir in Deutschland ?)

Page 16 :

Au début de l'après-midi …
K : An den Nachmittagen ist das Haus alles andere als ruhig … **O : A L'ATTAQUE !**
K : Und ja, die kleinen Deutschen haben weder Schule noch Kindergarten am Nachmittag !
Oskar et son copain : Youpi !!!
Tür : Ding dong ! L : **Ah ! C'est sûrement ma prof de violon !**
K : Gloups ! L : **Bonjour Madame Klang !** FK : **Salut Lotte !**
K : **Violon**, das heißt … K : … Geige !

Page 17 :

V : Kommt Kinder ! Wollen wir ein Eis in der Stadt essen ? O: Ja !!!!
K : Manchmal hat Valentine Super-Einfälle !

O : Je vais prendre un boule au yaourt dans un cornet !
L : Und für mich eine Kugel „Vanille“ … auch in der Waffel … so entsteht „null Müll“.
K : Und ich, ich bleibe in Ruhe im Garten.

Page 18 :

K : Wenn Stefan von der Arbeit kommt, bleibe ich auch schön ruhig neben ihm.
K : Ich habe sein Geheimnis entdeckt, warum er sich so selten aufregt.

Plus tard lors du „Abendbrot“ (= repas du soir froid) …
K : Am Abend essen die Fröhlichs ein **(mot-à-mot:) „pain du soir“.**
K : Das ist wie ein Picknick zu Hause !
S : Je coupe encore un peu de pain ?
V: Ja, gerne. Und dann kannst Du auch die Suppe bringen. Ich denke, dass sie fertig ist.

Page 19 :

K : Und weil Valentine Französin ist und gerne zweimal am Tag warm isst ...
K : ... haben sie einen Kompromiss gefunden und essen auch eine kleine Suppe !
L : Miam ! Trop bonne cette soupe à la citrouille !
Zur Schlafenszeit …
V : Gute Nacht, mein Mäuschen !
K : Jeden Abend bringt Valentine die Kinder ins Bett und Stefan räumt den Tisch ab …
K : Oder umgekehrt … und folglich höre ich eine Geschichte auf Deutsch.
S : Alors, on s’était arrêté où ? **O : Là !**
K : Und das war also ein typischer Tag in meiner neuen deutsch-französischen Familie !

K : Youpi ! Je suis un fri … *(« frei »* ***signifie libre)*** **… bourgeois !**

(2) Louis XIV, le Roi Soleil.

... pour ramener toute la cour auprès de lui...
... pour se divertir...
... et les divertir !
Il adorait les grandes fêtes !
... les parties de chasse à courre...
... et aussi... se promener avec ses... chiens !

... Oui... entre nous... quelle idée! Pff... Se promener avec des chiens...
Mais... vous allez me dire: pourquoi est-ce que je vous raconte tout ça?
Vous allez comprendre... Tout a commencé par un beau dimanche de septembre...
An einem schönen Sonntag Mitte September...
Heute bringt Katja uns Louis XIV zurück, gell?
Ja, genau!
Ich habe Louis XIV ja so vermisst!
Papa? Glaubst du, dass Louis XIV uns erkennen wird?
Ja sicher, Oskar! So lange waren wir ja auch nicht weg!
Gut so!
Ich hab' extra für Louis XIV Biokarotten gekauft!
DING DONG!
Ah! Da kommen sie ja schon! Katja mit Louis XIV!

Louis XIV ... Louis XIV ? Mais qu'est-ce qu'ils ont avec Louis XIV ?
Il y a un documentaire ce soir à la télé ?
TV
Charlotte a un contrôle d'histoire ?
HISTOIRE DE FRANCE
Ou bien... Ils vont voir un spectacle ?
Le roi danse !
C'est un nom de code ?
TOP SECRET !
Hallo ihr Lieben !
Katja !
Und hier ist euer Liebster !
Louis XIV !
Hein ?
Quoi ?
Nan mais c'est lui, Louis XIV ?
Hop !
Un lapin nain ?

Ich hab' dich ja sooooo vermisst!
Mein Lieblingskaninchen! Willkommen zurück!
Du hast ja ein schönes Fell bekommen!
Schau! Hier eine Bio-Karotte für dich!
Moi qui pensais être le seul animal de compagnie...
Donc voilà... à la fin de l'été, une amie de la famille a rapporté Louis XIV... Le lapin de la famille qu'elle avait gardé pendant les vacances en Bretagne...
Später am Abend...
Alors comme ça...
...tu t'appelles Louis XIV ?
Et ben dis donc! C'est quand même pas Versailles, ta cage, hein?
?
AS 19

Bist du manchmal auch nett?
Euh.... comment?
Ça t'arrive d'être gentil?
Euh... oui, oui bien sûr...
Wie heißt du?
Ich heiße Kazh!
Kazh? Ah... Entschuldigung Ich dachte du wärst... le roi des jaloux!
Jaloux... moi... Non... pas du tout!
Kannst du denn kein Deutsch?
Doch... natürlich... ein bisschen!... Enfin... viel... beaucoup, je veux dire...
Ja... nein... En fait, je suis... Euh... Ich bin... zweisprachig! ... enfin... presque!
Ach, ja... fast! En effet, je vois ça... Tu es vraiment... presque bilingue!
Oui, voilà!
Y'a du boulot, on dirait!
Am nächsten Morgen beim Frühstück...
Vous ne trouvez pas que Kazh a mauvaise mine?
Mmmh?! On parle de moi?

Stimmt... Er sieht ein bisschen komisch aus, heute!
Was ist denn los mit dir?
Na du?
Unser bretonischer Kater... gell?
Ah... Je croquerais bien...
... un de tes poissons Khoi pour me remonter le moral...
Am Abend...
Schau mal, Louis XIV! Frische Salatherzchen für dich!
Oh guck'mal, Lotte! Kazh sieht total traurig aus!
Stimmt!
Oui... ich bin triste...
Am nächsten Morgen...
ZZZZZ
Et voilà pour vous, roi Kazh!

Et voilà ... votre lapin ...
... au beurre salé !
Meine Burg sieht nun spitze aus !
Komm mal her, Kazh !
Je t'ai fait un super Burg !
Mmmh ? Qu'est-ce qui se passe ?
C'est gemütlich ?
Confortable ? Ça pique un peu les fesses, quand-même !

Tu es le ... LEGOKÖNIG!
Le roi des légos ? Mmmh...
J'espère qu'on sert de vraies croquettes dans ce château !
?
Et Herr Bienenstich... Der ist jetzt dein Diener !
Il ne manquait plus que lui !
J'aurais préféré une princesse !
Bref, ce Louis XIV, je n'ai rien contre lui ...
... je trouve juste qu'on lui accorde trop d'attention !
Hier, frisches Wasser für dich !

Kapitel 2 : Ludwig XIV, der Sonnenkönig

Seite 23 :

K : Der Sonnenkönig … Pff …
K : Das, das ist ein anderes Kapitel meines neuen Lebens …
K : Erinnert ihr euch an euren Geschichtsunterricht in der Schule ?
K **(bulle pensée : un manuel, une ardoise, un cahier** / Gedankenblase: Schiefertafel, Lehrbuch, Heft)
K : Ludwig XIV … [gesprochen : Ludwig, der vierzehnte] **(bulle pensée : image du roi…** / Gedankenblase : Bild vom König) Der Sonnenkönig …
K : « **Le Roi-Soleil** », auf Deutsch.
K : Der König von Frankreich, der das Schloss von Versailles errichten ließ ! ... **(bulle pensée : image du château de Versailles** / Gedankenblase : Bild vom Schloss von Versailles)

Seite 24 :

K : … um den ganzen Hofstaat um sich zu versammeln. **(bulle pensée : image Louis XIV entouré de la cour** / Gedankenblase : Bild von Ludwig XIV, von der Hofgesellschaft umringt)
K : … um sich zu unterhalten und sie zu unterhalten **… (bulle pensée : image Louis XIV avec soleil autour de la tête qui danse, palais des glaces, cour** / Gedankenblase : Bild von Ludwig XIV mit Sonnenlicht um seinen Kopf, der tanzt, Spiegelsaal im Schloss)
K : Er liebte die großen Feste … **(bulle pensée : Repas festif** / Gedankenblase : Festmahl)
K : … die Treibjagden … **(bulle pensée : Chasse à courre** / Gedankenblase : Treibjagd)
K : … und außerdem mit seinen Hunden spazieren zu gehen. **(image : Louis XIV qui promène ses chiens** / Gedankenblase : Ludwig XIV geht mit seinen Hunden spazieren)

Seite 25 :

K : … Also unter uns, welch' ein Einfall ! Pff, mit Hunden spazieren zu gehen …
K : Aber ihr werdet sagen: Warum erzähle ich das alles ?
K : Ihr werdet es noch verstehen … Alles hat an einem schönen Sonntag im September begonnen …

Par un beau dimanche mi-septembre …
O : Aujourd'hui, Katja va nous rapporter Louis XIV, n'est-ce pas ?
S : Oui, exactement !
C : Louis XIV m'a tellement manqué !
O : Papa, est-ce que tu penses que Louis XIV va nous reconnaître ?
S : Bien sûr, Oskar! On est pas parti si longtemps que cela non plus !
O : Alors, c'est bien !
L : J'ai acheté des carottes bio exprès pour Louis XIV !
Tür : DING DONG !
S : Ah ! Les voilà qui arrivent ! Katja et Louis XIV !

Seite 26 :

K : Ludwig XIV … Aber was haben sie mit Ludwig XIV ?
K : Kommt heute Abend ein Dokumentarfilm im Fernsehen ?
K : Charlotte hat einen Geschichtstest ?
K : Oder wollen sie eine Aufführung besuchen ?
K : Ist es ein Code-Name ?
Katja : Coucou les amis ! **O, L : Katja !** **Katja : Et voilà votre chouchou !**
O & L : Ludwig XIV !!!!!
K : Wie ? Was? Nee, sowas, das ist er, Ludwig XIV ????
Louis XIV : Hop !
K : Ein Zwergkaninchen ????

Seite 27 :

O : Tu m'as tellement manqué !
C : Mon lapin préféré! Bienvenue de retour parmi nous !
K (bulle pensée: Coeur brisé)
O : Ton pelage est devenu très beau !
L : Tiens, regarde, une carotte bio pour toi ! K : Und ich dachte, ich wäre ihr einziges Haustier …
K : So ist es also … am Ende des Sommers, hat eine Freundin der Familie Ludwig XIV zurück gebracht, den Hasen der Familie, um den sie sich während des Bretagneurlaubs gekümmert hat.

Plus tard le soir …
K : Du nennst Dich also Ludwig XIV ?
K : Dann sag mir einmal : Das ist trotzdem nicht Versailles dein Käfig, oder ?

Seite 28 :

Louis XIV : Ça t'arrive d'être gentil ?
Louis XIV : Bist Du manchmal auch nett ?
Louis XIV : Comment tu t'appelles ?
K : Wie bitte ?
K : Ja, ja, natürlich !
K : Je m'appelle Kazh !
Louis XIV: Kazh ? Ah ! Excuse-moi … Je pensais que tu étais … „der König der Eifersüchtigen" …
K: Eifersüchtig, ich ? Gar nicht !
Louis XIV : Tu ne parles pas allemand ?
K : Si… bien sûr… un peu !... Nun… **beaucoup,** viel, würde ich sagen … **Oui … non …** Tatsächlich, bin ich … äh … **Je suis… bilingue !** … nun … fast !
Louis XIV : **Ah oui … presque !** In der Tat, ich sehe es … Du bist wirklich … fast zweisprachig …
K : Ja, genau !
Louis XIV : Es ist noch etwas zu tun, könnte man sagen !

Le lendemain au petit-déjeuner …
V : Findet ihr nicht, dass Kazh schlecht aussieht ?
K : Mmmh ? Man spricht von mir ?

Seite 29 :

S : C'est vrai qu'il a l'air bizarre.
S : Et ben alors ? Qu'est-ce qui t'arrive ?
S : Notre matou breton …
K : Ah … Ich würde gerne einen deiner Khoi-Fische knabbern, um meine Laune wieder zu heben.

Le soir …
L : Tiens Louis XIV… Des cœurs de salades tout frais pour toi !
O : Oh, regarde, Charlotte! Kazh a l'air super triste !
L : C'est vrai !
K (pense) : **Oui, je suis** „traurig" !

Le lendemain matin …
K (**rêve** / Traum:. **Un serviteur** / Ein Diener: Und hier, für Sie, König Kazh!)

Seite 30 :

K (**rêve** / Traum:. **Un serviteur** / Ein Diener: Und hier ihr Hase… mit gesalzener Butter)
O : **Mon château est super beau maintenant !**
O : **Viens voir par là, Kazh !**
O : Ich habe Dir ein Super-**château gebaut !**
O : Ist es **confortable ?**
K (**Son rêve s'arrête net.** / Sein Traum endet abrupt.)
K : ?
K : Was ist los ?
K : Gemütlich ? Es pickst trotzdem etwas am Hintern !

Seite 31 :

O : Tu es le… **roi des légos !**
K : Der Lego-König ? Mmmh !
K : Ich hoffe, in diesem Schloss wird echtes Futter serviert !
O : Und **Monsieur Bienenstich (voir tome 1, chapitre 9 /** vgl. Band 1, Kapitel 9) … **C'est ton serviteur, maintenant !**
K : Es hat nichts mehr gefehlt als er !
K : Ich hätte eine Prinzessin bevorzugt !
K : Kurz, dieser Ludwig XIV, ich habe nichts gegen ihn …
K : … Ich finde nur, dass man ihm zu viel Aufmerksamkeit schenkt …
L : Tiens, voilà de l'eau fraiche pour toi !

Pancarte : Pour toi
K : Au revoir, Louis XIV !

③ Kennen wir uns?

Et puis, il faut encore que je vous raconte quelque chose...
Ja! Ich muss noch etwas erzählen... Mi-octobre, alors que je me promenais en ville, il m'est arrivé quelque chose d'incroyable!
Eis
C'est trop bien ici à Freiburg...
Dès qu'il fait beau... Les gens sortent profiter du soleil et manger des glaces!
Pass ganz schön auf, okay?
Ja, Papa!
Moi aussi, je fais bien attention! Hé hé...
Komm, lass uns noch Brot holen!

Myrtille?
C'est pas possible! Myrtille? La minette de mes rêves...
Il faut que je lui parle!
Hallo?
Hey!
Warte!
HAL-LO! WARTE!
Wie, bitte?
Wir kennen uns, oder?
Also...
Nein... Nicht, dass ich wüsste!

* Voir tome 1 des aventures de Kazh, chapitre 13.

BÜCHER
Ça me dit rien... Tu es nouveau ici?
Oui! J'ai été adopté par la famille Fröhlich!
Fröhlich? Du meinst, Herrn Fröhlich, den Tierarzt?
Ja!
Er ist sehr nett! Seine Familie kenne ich aber nicht...
Je ne comprends pas tout ce qu'elle dit! C'est fou ça! C'est la minette de mes rêves... Et elle ne me reconnait pas!
BÜCHER
Alles klar mit dir?
Ja, ja!
Wie heißt du, eigentlich?
Ich heiße Kazh!
Und du?
Ich heiße Myrtille!
Sehr erfreut!
Enchanté!
AS©19
Une impression de „déjà vu", non?

Herzlich Willkommen in Freiburg!
Schön, dass du da bist, Kazh!
Merci!
Hast du schon Freunde hier?
Des amis? Moi?
Oui, un peu...
Là-haut, dans la Schwarzwald! Mais pas encore ici en ville!
Wollen wir Freunde werden?
Devenir amis?
Toi et moi?
Ja!
Ah... oui, avec p... pl... plaisir!
Das würde mich sehr freuen!
SUPER!
Viens! On va fêter ça!
D'accord!
Ich zeig'dir die besten Ecken Freiburgs!
Oh la la...
Je suis en train de...
... tomber...
- super... amoureux!
Par ici! Komm'mal her!
AS 19

Wollen wir ein Eis essen!?
Da drüben?!
Ja, gerne!
On a les mêmes goûts... les mêmes idées...
Ich glaube, wir werden ein gutes Team, Kazh!
Mal schauen, wie lange es dauert, bis uns jemand ein Eis spendiert!
Oh! Schau' mal!
Da geht ein Pärchen und sie haben einen Becher auf der Bank gelassen!
Kurz darauf...
Mmmh! C'est délicieux! On a trop de chance!
Ja total! Das ging ja richtig schnell! Und wie kann man etwas von diesem leckeren Eis übrig lassen?

Oh, Entschuldigung!
Euh... Ça, j'ai pas compris...
Kein Problem! Kannst du deine Idee wiederholen oder anders formulieren, bitte?
Gerne! Tolle Einstellung!
So wirst du Deutsch sehr schnell lernen! Du kannst schon sehr gut Deutsch! Seit wann bist du in Freiburg?
Euh... seit ein paar Wochen...
Depuis quelques semaines? Alors bravo! Vraiment!
Merci!
Also... Ich meinte... Warum haben diese Leute nicht das ganze Eis gegessen? Es ist doch so lecker!
Ah...
Tu veux dire: du verstehst nicht pourquoi ils ont laissé de la glace?
Ja, genau!
Aber wir haben keine Reste hinterlassen...
Il n'y a plus une trace de glace!
Hihi!
J'aimerais trop être bilingue comme toi! Wie sagt man „chapeau" auf Deutsch?
Hi hi! Man sagt „Hut"! Also... „der Hut"!
„Schnauze", „die Schnauze"!
Und was heißt „groin" auf Deutsch?

Mais ce n'est pas très utile comme mot...
Das stimmt... Also...
C'était quoi comme glace ?
Das war ein Joghurt-eis... mit Honig denke ich ...
Tu serais d'accord de m'aider à devenir bilingue ?
Euh...
Sehr gerne helfe ich dir beim Deutschlernen !
SUPER
Also... Wollen wir uns morgen wiedersehen?
Ja, gerne!
Dann zeige ich dir, wo wir uns morgen treffen können...
Okay!
Viens!
Suis-moi!
C'est trop génial! Je suis super content!
Elle est super sympa, elle veut qu'on soit amis... et elle va m'aider à devenir bilingue!
AS'19

Bientôt... Louis XIV va descendre de son trône et ce sera de nouveau moi le chouchou !
Also... Guck mal, Kazh... Überall in der Stadt...
... sind solche Mosaïken... Hier haben wir zum Beispiel einen ...
Fisch !
Oui, voilà ! Un poisson !
Wir könnten uns jeden Tag auf einem anderen Mosaïk verabreden !
Oh oui ! Elle me plait bien ton idée !
Diesen Fisch kann man aber nicht essen, gell ?
Hihi ! Nein, leider nicht !
Also dann... Bis morgen Kazh !
Ici, j'ai observé que les gens ne se font pas la bise ... Ils se prennent dans les bras...
A demain, Myrtille !
AC'19

Et donc voilà ce qui m'est arrivé mi-octobre. Une rencontre ou un Wiedersehen plutôt qui m'a donné une grande motivation pour apprendre l'allemand...
Chaque jour, on s'est rencontrés sur une mosaïque différente...
Hallo!
Guten Morgen!
Et chaque soir, je suis rentré... beseelt à la maison... comme si j'avais des ailes!
J'suis trop content, j'suis trop content!
Alors? Toujours pas de princesse au royaume des carottes bio?
?
AC '19

Chapitre 3 : On se connait ?

Page 35 :

K : Nun ... **Ça m'est EGAL,** wie Oskar oft sagt !
K : Ich bin nicht in einem Käfig ! K : Ich bin... frei !
K : **J'habite à Frei ... bourg ! (trad. littérale : libre ... ville/bourg)** K : Das ist hier das Paradies !
K : Der Wald ist **à deux pas (trad. littérale : à un saut de chat)** der Stadt entfernt !

Page 36 :

K : Und dann muss ich euch unbedingt noch etwas erzählen ...
Oui ! Il faut encore que je vous raconte quelque chose ...
Mitte Oktober, als ich in der Stadt spazieren ging, ist mir etwas UNGLAUBLICHES passiert !
K : Es ist echt toll in Freiburg. Wenn es schön ist, gehen die Leute raus, genießen die Sonne und essen Eis.
Adulte : Tu fais bien attention, d'accord ? **Enfant: Oui, Papa !**
K : Ich, ich passe auch gut auf ... Hi, hi ...
Adulte : Viens, on va encore chercher du pain !

Page 37 :

K : Myrtille ?
K : Das ist nicht möglich !!! Myrtille ? Die Katze meiner Träume?
K : Ich muss sie ansprechen !
K : Salut ! Hey !!! Saaalut ? Attends !
M : SA-LUT ! ATTENDS !!!
M : Comment ?
K : On se connait, n'est-ce pas ?
M : Alors ... Non, je ne crois pas ...

Page 38 :

K : Si ! Du sprichst doch auch Französisch !
M : Oui, c'est vrai !
K : Und wir haben uns schon in der Bretagne gesehen !
M : En Bretagne ?
K : Ja ! Wir waren da mit meinem Kumpel Triskel ! Und du hast uns Wörter beigebracht. *
M : Un de tes copains s'appelle Triskel ? K: Ja ! Die Katze des Leuchtturmwärters !
M : On dirait un film breton ton histoire !
K : Excuse-moi ... je ne comprends pas ce que tu dis !
M : Pas de problème ! M : Komm, wir drehen eine Runde ...
M : Ich sagte, dass deine Geschichte sich wie ein bretonischer Film anhört. K : Das stimmt aber !
(*Vgl. Band 1 der Abenteuer von Kazh, Kapitel 13)

Page 39 :

M : Das sagt mir nichts... Bist du neu hier ?
K : Ja ! Ich wurde von der Familie Fröhlich adoptiert !
M : Fröhlich ? Tu veux dire, le vétérinaire ?
K : Oui !
M: Ah oui. Il est très gentil. Mais je ne connais pas sa famille.
K: Ich verstehe nicht alles, was sie sagt. Das ist schon verrückt. Das ist dieselbe Katze wie in meinen Träumen! Und sie erkennt mich nicht wieder !
M : Tout va bien ?
K : Oui, oui !
M : Comment tu t'appelles ? **K : Je m'appelle Kazh. Et toi ?** **M : Je m'appelle Myrtille !**
M : Enchantée ! K : Sehr erfreut ! K : Ein Gefühl von Déjà-Vu (schon einmal gesehen), oder ?

Page 40 :

M : Bienvenue à Fribourg !
M : C'est chouette que tu sois là, Kazh !
K : Danke !
M : Tu as déjà des amis ici ?
K: Freunde ? Ich ?
K: Ja, ein paar ...
K: Da oben, im **Forêt-Noire** ... aber noch nicht hier ... in der Stadt.
M : Et si on devenait des amis ?
K : Freunde werden ? Du und ich ?

M : Oui ! Cela me ferait plaisir !

K : Ach … ja, mit V… Ver … Vergnügen ! M : Toll !

M : Komm ! Wir werden das feiern ! K : Einverstanden !

M : Je vais te montrer les meilleurs endroits de Fribourg !

K : Oh la la … Ich bin dabei … mich … total zu verlieben!

M : Komm her ! Suis-moi par là !

Page 41 :

M : Ça te dit qu'on mange une glace ? Là-bas ?! **K : Oui, avec plaisir !**

K : Wir haben den selben Geschmack, die gleichen Gedanken …

M : Je crois que nous allons former une bonne équipe, Kazh !

M : On va voir combien de temps ça va durer jusqu'à ce que quelqu'un nous offre une glace !

M : Oh ! Regarde !

M : Il y a un couple qui part et ils ont laissé leur pot de glace sur le banc.

Un peu plus tard …

M : Mmmh… Das ist köstlich! Wir haben echt Glück !

K : Oui, vraiment ! Ça a été super rapide ! Comment peut-on ne pas finir une glace si délicieuse ?

Page 42 :

K : Mmh, das habe ich nicht verstanden ... **M : Oh ! Excuse-moi !**

K : Pas de problème ! Est ce que tu peux répéter ton idée ou la reformuler ?

M : Oui, avec plaisir ! Cette une très bonne attitude !

M : Tu vas apprendre très vite l'allemand comme ça ! Tu parles déjà très bien l'allemand ! Ça fait combien de temps que tu es ici ?

K : Mmh … **depuis quelques semaines …** M: Seit einigen Wochen ? Echt super, wirklich !

K : Danke !

M : Et bien … Je veux dire … Pourquoi ces gens n'ont pas fini leur glace ? Elle est tellement bonne !

K: Ah …

K : Du willst sagen, dass **tu ne comprends pas** warum sie etwas von dem Eis übrig gelassen haben ?

M : Oui, c'est ça !

K : Nous, nous avons tout fini … Es gibt keine Spur von Eis mehr ! **K : Hi hi …**

K : Ich wäre so gerne zweisprachig wie du ! **Comment dit-on** « Hut » **en allemand ?**

M : Hi hi ! On dit Chapeau ! Enfin… le chapeau !

K : Et comment on dit Schnauze **en allemand ?**

M : Groin, le groin !

Page 43 :

M : Aber das ist kein sehr nützliches Wort … **K : C'est vrai … Du coup …**

K : Was war das für ein Eis ? **M : C'était une glace au yaourt … avec du miel, je crois !**

K: Wärst Du einverstanden, mir zu helfen zweisprachig zu werden ? M : Mmh …

M : C'est avec plaisir que je t'aiderais à apprendre l'allemand ! **K : SUPER !**

K : Du coup … Ça te dit qu'on se voit demain ? **M : Oui, avec plaisir !**

M : Alors, je vais te montrer où nous pouvons nous donner rendez-vous demain …

K : D'accord ! M : Komm ! Folge mir ! K : Das ist einfach genial ! Ich bin super-zufrieden !

K : Sie ist super-nett, sie will, dass wir Freunde sind … und sie wird mir helfen, zweisprachig zu werden !

Page 44 :

K : Bald … wird Ludwig XIV von seinem Thron herabsteigen und ich werde wieder der Liebling sein !

M : Donc … Regarde, Kazh … Partout dans la ville …

M : … il y a des mosaïques comme celle-ci … Ici par exemple, c'est un …

K : Poisson ! M : Ja, hier ist ein Fisch !

M : On pourrait se rencontrer tous les jours sur une autre mosaique !

K : Oh ja ! Deine Idee gefällt mir gut !

K : Mais ce poisson, on ne peut pas le manger, n'est-ce pas ?

M : Hi hi! Non, malheureusement pas !

M : Et bien ... A demain, Kazh ! K : Bis morgen, Myrtille !

K : Hier habe ich beobachtet, dass sich die Leute keine Wangen-Küsschen geben ... Sie nehmen sich eher in die Arme.

Page 45 :

K : Das war es also, was mir Mitte Oktober passiert ist. Eine Begegnung oder vielmehr **« des retrouvailles »,** welche mich sehr zum Deutschlernen motiviert haben.

K : Jeden Tag haben wir uns auf einem anderen Mosaik getroffen.

K : Salut ! **M : Bonjour !**

K : Und jeden Abend, bin ich **comblé** nach Hause zurückgekehrt, als hätte ich Flügel ...

K : Ich bin total zufrieden, ich bin total zufrieden !

K : Nanu, immer noch keine Prinzessin im Königreich der Bio-Karotten ?

<u>Petit conseil spécial Freiburg :</u> **Cette jolie balançoire existe vraiment et se trouve au-dessus de la Dreisam (la rivière qui traverse Fribourg) sous un pont en prolongement de la Marienstraße. Vous pouvez également la voir dans le clip vidéo de la chanson « Capitan Mantarraya » à la minute 2 :18.**

<u>Kleiner Spezial-Hinweis für Freiburg-Besucher:</u> Diese schöne Schaukel gibt es wirklich und sie hängt über der Dreisam (dem Fluss, welcher durch Freiburg fließt) und unter der Brücke, welche die Marienstraße verlängert. Ihr könnt sie auch im Videoclip zum Lied „Capitan Mantarraya“ bei der Minute 2:18 sehen.

④ K comme Kazh, M comme Myrtille.

En parlant de Myrtille... C'est bien gentil tout ça, mais j'ai un rendez-vous moi !
Ein... Rendezvous ... hé hé...
J'espère que je vais retrouver l'endroit !
Salut, Louis XIV !
Alors ? On ne t'a pas encore servi tes carottes ?
?
In der Konviktstraße...
Hoffentlich findet er das Katzenmosaik wieder...
Hey ! Hallo, Myrtille !
Hallo, Kazh !
Na? Geht es dir gut, heute?
Ja, alles super, danke !
Schön !
Sag' mal... Wollen wir eine Runde auf dem Markt drehen ?
Aller sur le marché ?

Ja genau, komm! Den Münstermarkt musst du unbedingt kennenlernen...
...Der ist jeden Vormittag auf dem Münsterplatz ...
... und da kommen die Bauern der ganzen Region mit ihren Produkten.
Ah oui, il y a aussi un marché dans le quartier des Fröhlich !
Das stimmt! In jedem Stadtviertel gibt es einen Markt...
... ein bis zwei Mal pro Woche ...
Dann können die Freiburger einkaufen, ...
... ohne ihr Auto zu benutzen!
Oh ! C'est super écologique !
Ja, genau!
Du, Kazh! Ich hab eine Spielidee für dich!
Une idée de jeu pour moi?
Ja, um Deutsch zu lernen!
Hé hé...

Ah oui, super !
Moi, j'ai trop envie d'apprendre l'allemand !
Also, schau mal ! Das Spiel ist ganz einfach ! Ich sage einen Anfangsbuchstaben... und dann suchst du so schnell wie möglich etwas in der Umgebung, das mit diesem Buchstaben beginnt...
Oje...
Hast du es nicht verstanden ?
... Dans quelle galère je me suis embarqué ?
Nein, kannst du es mir auf Französisch erklären, bitte ?
Ja, gerne ! Alors... C'est facile... Je dis une lettre ou un son... et toi, tu cherches vite quelque chose autour de nous qui commence par cette lettre !
Je cherche des mots en allemand ?
Oui, voilà ! Et si tu veux, ensuite, moi, je cherche des mots en français !
Ça marche !
Mach'ich !
Schön ! Also, Kazh...
1
2
3
4
5
AC '19

Finde etwas, das mit dem Laut [a] beginnt ...
Euh ...
Apfel!
Super! Bravo!!!
A ton tour, Myrtille !
Trouve un mot qui commence par le son [a]...
Apfel
Ich hab's!
Ail ! De l'ail !
Knoblauch
Trop bien ! Tu es super rapide !
Dein Spiel gefällt mir sehr !

Alors... on continue ?
Wollen wir weiter-spielen ?
Ja, gerne !
Also, du bist dran ! Finde etwas mit dem Anfangsbuchstaben „B"!
B...
Freiburger Bratwurst
Bratwurst !
WURST
Wow ! Du bist ja schnell !
Danke !
Und du kennst schon das Wort „Bratwurst"!
Oui ! Ich weiß, was hier in Deutschland gut schmeckt !
Hi hi hi !
On continue ?
Oui !
Plus tard ...
Und jetzt ein Wort, das mit „F" beginnt...

FISCH BRÖTCHEN
Fisch-brötchen!
Ah! Tes racines bretonnes se réveillent!
Zwetschgen
Attends, ça a l'air trop bon!
Hast du noch keins probiert?
Zwetschgen
Nein!
Das müssen wir irgendwann mal nachholen!
Avec plaisir!
Später...
„H" wie...
...HUT!
HUTSTAND
Regarde, Myrtille!
Hi hi! Er steht dir gut!

Comment ?
Ça te va bien !
HUTSTAND
Merci ! Il ne me manque plus que des bottes !...
... et tu es ... le chat botté !
Oui, c'est ça !
Kazh... der gestiefelte Kater !
Noch später...
Kornhaus
... das KORNHAUS !
Kornhaus
Café
Café
Ja, „K" wie Katze oder Kätzle auf Badisch...
Aber, es gibt auch ...
Unser „Superkazh" geht ab !
Ja, genau ! In diesem historischen Gebäude befindet sich nun das „centre culturel français"...
Ah oui, Oskar et Charlotte vont souvent y chercher des livres avec Valentine...
Bretagne
Bretagne

Und schau mal! Hier gibt es auch viele ... Kürbisse!
Ah oui! Des citrouilles!
... und auch Käse kuchen!
Un gâteau au ... fromage?
Oui, un gâteau au fromage blanc, en fait!
Miam! Ça a l'air trop bon!
Ça me rassure ... Il reste quelques spécialités allemandes à te faire découvrir ...
Hi, hi!
Schwarzwälderkirschtorte!!!
Mais! On en est pas au son [sch]!
Désolé! J'aime tellement ce gâteau! Il y a plein de crème!
AS 19

Plus tard...
„L" wie „...Lauch!
Toll! Et moi... „l" comme légumes!
... oder „Langweilig"!
Hihi! Du hast recht! Les légumes... c'est ennuyeux pour nous!
Also jetzt... Ein Wort, das mit „M" beginnt...
Mmmmmh... Mmmmmh...?
1
2
M wie... Münster!
3
Ja, bravo! Das Münster! La cathédrale!
Noch später...
„T"... Tu ne trouves vraiment pas?
Regarde! „T" wie ... „... Tofuwurst!
TOFU-STAND
TOFU-STAND
ASC'19

Tofuwurst? Was ist denn das?
Kennst du Tofu nicht?
TOFU-STAND
Tofu ist ein Produkt aus Sojabohnen. Daraus kann man viele Lebensmittel herstellen.
TOFU-STAND
Ah! C'est quelque chose avec du soja!
Ja, genau!
Vegetarier und Veganer können Tofu als Ersatz für Fleisch oder Fisch essen...
Vegetarier und... Veganer?
Vegetarier sind Menschen, die kein Fleisch und keinen Fisch essen.
Il y a des gens qui ne mangent pas de viande ni de poisson?
Ja! Und Veganer essen gar keine Tierprodukte. Also, auch keine Eier und keine Milchprodukte ...
Ils ne mangent pas d'œufs? Ni de produits laitiers?
Genau!
Ah bon... Je ne savais pas...
TOFU-STAND
Ça doit être des gens très gentils les Vegetarier et les Veganer!
Auf jeden Fall!

Au fait... On dit „végétarien" et „végan"...
Tu en connais?
... en français! Aber ja, sie sind sehr tierlieb!
Oh ja! Ich kenne viele Vegetarier und Veganer!
Cool!
A la fin de la matinée...
C'était vraiment super! Merci, Myrtille!
Gerne geschehen. Du hast super gespielt!
Ich habe viel gelernt! Und es hat mir sehr viel Spaß mit dir gemacht!
Danke!
Also, wollen wir jetzt nach Hause?
Oui! Et on fait un bout de chemin ensemble!
Ça marche!
J'aimerais bien goûter une saucisse au tofu, un jour!
Ach, Kazh! Du bist ja echt süß!

Kapitel 4 : K wie Kazh M wie Myrtille

Seite 49 :

L : Bonjour, Kazh !
V : Seit einigen Wochen scheint Kazh wieder neuen Schwung zu haben.
S : C'est vrai, il a de nouveau de l'appétit et il a l'air vraiment en forme !
K : Sieh mal einer an ! Man macht sich Sorgen um meine Wenigkeit ?
O : Ja, so ist er, seit ich ihm ein **château** gebaut habe ! S : **Ah bon ?**
K : Ja, nun ja… ein Lego-Schloss … Das ist auch nicht gerade das Schloss **Neuschwanstein** !
K : Dieses Wort ist unaussprechlich !!! Myrtille hat es mir beigebracht !

Seite 50 :

K : Da wir gerade von Myrtille reden … Das ist alles sehr reizend – und ich habe eine Verabredung !
K : **Un « rendez-vous » (en allemand, le terme de Rendezvous signifie un rendez-vous amoureux / un rendez-vous galant)** … hé hé … K : Ich hoffe, dass ich den Treffpunkt finden werde !
K : Hallo Ludwig XIV ! Man hat Dir also Deine Karotten noch nicht serviert ?
Dans la *Konviktstraße …*
M : **J'espère que Kazh va retrouver la mosaïque chat.**
K : **Hey! Salut, Myrtille !** **M : Salut Kazh !**
M : Alors? Comment vas-tu aujourd'hui ? **K : Super bien, merci !**
M : C'est bien! Dis voir… Ça te dit d'aller faire un tour sur le marché ?
K : Auf den Markt gehen ?

Seite 51 :

M : Oui voilà c'est ça, viens ! Il faut absolument que tu vois le marché de la cathédrale … C'est tous les matins sur la place de la cathédrale … … et les paysans de toute la région viennent y vendre leurs produits.
K : Ach ja, es gibt auch einen Markt im Wohnviertel der Fröhlichs.
M : C'est vrai. Dans chaque quartier, il y a un marché une à deux fois par semaine. Du coup, les fribourgeois peuvent faire leurs courses, sans utiliser leur voiture.
K : Oh ! Das ist total ökologisch ! **M : Oui, exactement !**
M : Dis, Kazh, j'ai une idée de jeu pour toi. K : Eine Spielidee ? Für mich ?
M : Oui, pour apprendre l'allemand ! **M : Hé, hé…**

Seite 52 :

K : Ach ja, toll ! Ich habe total Lust, Deutsch zu lernen !
M : Alors écoute… Le jeu est très simple. Je dis une lettre qui constitue le début d'un mot… et toi tu cherches le plus vite possible autour de nous, quelque chose qui commence par cette lettre.
K : **Oh mince…** worauf habe ich mich da nur eingelassen ?
M : Tu n'as pas compris ?
K : Non… tu peux me réexpliquer en français, s'il te plait ?
M : Oui, avec plaisir. Also, es ist einfach. Ich sage einen Buchstaben oder einen Laut und du suchst schnell etwas in unserer Umgebung, das mit diesem Buchstaben beginnt.
K : Ich suche Wörter auf Deutsch ?
M : Ja und wenn Du willst, bist dann du an der Reihe und ich suche Wörter auf Französisch !
K : Abgemacht ! **Je vais faire ça !** **M : C'est bien. Alors, Kazh …**

Seite 53 :

M : Trouve quelque chose, qui commence par la lettre A.
K: Euh …
K : Pomme ! **M : Super ! Bravo !**
K : Du bist dran ! Myrtille … Suche ein Wort, das mit einem A beginnt.

M : **Je sais !** Knoblauch !

K : Super ! Du bist sehr schnell ! **Ton jeu me plait beaucoup !**

Seite 54 :

M : Also, machen wir weiter ? **On continue de jouer ?**

K : Oui, avec plaisir !

M : Donc … à ton tour. Trouve quelque chose qui commence par la lettre … B !

K : Saucisse grillée ! **M : Ouah ! Tu es vraiment rapide !** **K : Merci !**

M : Et tu connais déjà le mot saucisse grillée !

K : Oui, **je sais ce qui est bon en Allemagne !**

M : Hi hi hi !!! K : Machen wir weiter ? M : Ja !

Später …

M : Et maintenant, un mot qui commence par la lettre F !

Seite 55 :

K : Sandwich au poisson ! M : Ah! Deine bretonischen Wurzeln machen sich bemerkbar !

K : Warte, das sieht einfach zu lecker aus !

M : Tu n'as pas encore essayé de sandwich au poisson ? K : Non.

M : Il faut qu'on rattrape ça un jour ! K : Gerne !

Plus tard …

K : H … comme chapeau ! Schau mal, Myrtille ! **M: Hi hi, ça te va bien !!!!**

Seite 56 :

K : Wie bitte ? M: Das steht dir gut ! K : Danke! Es fehlen mir nur noch die Stiefel …

M : … und du wärst … der gestiefelte Kater ! K : Ja, ganz genau !!! M: **Kazh, le chat botté !**

Un peu plus tard…

M : Oui, K comme chat ou Kätzle **(en badois) ! Mais il y aurait aussi …**

K : … la Kornhaus **(littéralement: le hangar à grain) !**

M : **Notre Superkazh se surpasse !**

M : **Oui, très bien. Le** französische Kulturzentrum **se trouve actuellement dans ce bâtiment historique** !

K : Ach ja, Oskar und Lotte gehen dort oft mit Valentine Bücher ausleihen.

Seite 57 :

M: Et regarde voir, ici, il y a aussi plein de citrouilles ! K: Ah ja, Kürbisse !

M : … et du Käsekuchen **(littéralement: gâteau au fromage) !** K : Ein Kuchen mit… Käse ?

M : Ja, letztlich ein Kuchen mit Quark ! K : Lecker ! Das sieht zu köstlich aus !

M : Das beruhigt mich. Es gibt noch deutsche Spezialitäten, die man dich probieren lassen kann …

K : Hi hi … **K : Une Forêt-Noire !**

M : Aber wir sind noch nicht beim Laut SCH ! K : Es tut mir leid ! Ich mag diesen Kuchen derartig. Er ist so voll mit Sahne !

Seite 58 :

Später …

K : L comme … poireau ! **M : Super ! Et moi…** L wie Gemüse ! **K : Ou ennuyeux !**

M : Hi hi ! Tu as raison ! Gemüsesorten, das ist etwas langweilig für uns !

M : Alors maintenant un mot, qui commence par « M » ! **K : Mmmh … Mmmmhh ?!!!**

M : Hi hi … K : **Mmmhh …. ?!?** **K : M comme… la cathédrale !!!!**

M : Oui, bravo ! La cathédrale, das Münster !

Encore plus tard …

M : T … Du findest wirklich nichts ? M : Schau … **T comme saucisse ou tofu !**

Seite 59 :

K : Saucisse au tofu ? Mais qu'est-ce que c'est ? **M : Tu ne connais pas le tofu ?**

M : Le tofu c'est un produit à base de graines de soja. On peut fabriquer de nombreux aliments avec.

K: Ah, das ist etwas mit Soja ...
M : Oui, exactement ! Les végétariens et les végans peuvent manger du tofu pour remplacer la viande ou le poisson.
K : Les végétariens et les végans ?
M : Les végétariens sont des personnes, qui ne mangent ni viande, ni poisson.
K : Es gibt Menschen, die kein Fleisch und keinen Fisch essen ?
M : Oui, et les végans ne mangent aucuns produits animaux. Donc pas d'oeufs ni de produits laitiers non plus. K: Sie essen weder Eier noch Milchprodukte ? **M : Exactement.**
K : Achso. Das habe ich nicht gewusst.
K : Das müssen sehr liebe Menschen sein, die **végétariens** und die **végans** ! **M : Absolument !**

Seite 60 :

M : Übrigens sagt man **végétarien** et **végan** auf Französisch. **Mais oui, ils aiment beaucoup les animaux !** K : Kennst Du welche ?
M : **Oh oui, je connais beaucoup** de végétariens et de végans **!** K: **Cool !**
Am Ende des Vormittags…
K : Das war wirklich toll ! Danke, Myrtille !
M : Avec plaisir ! Et tu as super bien joué !
K : J'ai appris beaucoup de choses. Et je me suis bien amusé avec toi !
M : Merci ! **M : Alors, on rentre à la maison ?**
K : Ja, und wir gehen ein Stück des Weges gemeinsam ? M : Das geht klar !
K : Ich würde gerne eines Tages eine Tofuwurst probieren ! **M : Ah, Kazh, tu es vraiment mignon !**

* **Paroles extraites de la chanson bilingue « *Le chat botté* » de Zweierpasch. Merci à eux !**
* Text aus dem zweisprachigen Lied „*Der gestiefelte Kater*" von Zweierpasch. Wir bedanken uns !

Merci aussi à Tony de *Freiburg Finest* et *Alles Freiburg* et à Klaus du „*Hütchenstand*"!
Danke auch an Tony von *Freiburg Finest* und *Alles Freiburg* und Klaus vom „*Hütchenstand*"!

(5) Meine Hofkaterfreunde.

Donc, moi non plus, je ne vais pas les accompagner dans leur randonnée. J'ai déjà fait ça une fois... ...et j'ai eu trop mal à mes p'tites pattes!
Weidemilch 15%
Non... Moi aujourd'hui, je vais accompagner Stefan dans sa tournée du dimanche...
Weidemilch 15%
Also... was brauche ich noch alles?
FR-OH-19
L'astuce, c'est de monter à la dernière minute pendant qu'il charge sa voiture...

Ach ja, noch ein paar Spritzen ...
Là, il prend encore un peu de matériel...
So, jetzt habe ich aber alles! Nur noch mein Vesperbrot fehlt!
Il va chercher son goûter et faire un bisou à tout le monde...
... Allez, hop! C'est le moment!
Tschüss, ihr Lieben!
Et voilà le travail!
Erstmal zur Familie Faller...
Je me demande quels copains je vais voir aujourd'hui!

Guten Morgen, Herr Faller!
Guten Morgen, Dr. Fröhlich!
Wie geht es Ihnen heute?
Mir geht es gut, danke! Aber meiner armen Ziege geht es immer schlechter...
Oh! Herr Fröhlich! Ist Kazh heute auch dabei?
Das schauen wir uns gleich an!
Hey, hallo Anton!
Hey, Kazh!
Mein Kumpel!
Schön, dich zu sehen!
Je ne parle pas encore très bien l'allemand...
... mais on se comprend entre matous...
Komm, Kazh! Lass uns ein paar Hühner jagen!
Okay!

"Hühner" "ce sont les poules...
Ha ha! Hast du gesehen, wie sie in Panik waren?
Ja! Ha ha ha!
Jetzt habe ich aber Hunger bekommen!
Magst du ein Stück Speck?
Speck?
AE 19

Vvvrrrrroummm!!!
Manno! Das war aber kurz!
Ja, schade!
Tschüss, Kazh!!!
Bis zum nächsten Mal!
Vite!
Tschüss, Anton!
Vrrrroummm...
Et... hop!
Auf zum nächsten Notfall!
FR:O
C'est super beau la Forêt-Noire!
Surtout en octobre...
... avec les forêts de sapins...
... et les arbres aux belles couleurs d'automne...

On appelle ça, le „goldener Oktober"! L'été indien, en fait !
C'est Myrtille qui m'a appris ça...
Ah... Myrtille...
Das heißt: der „goldene Oktober"!
Ah ! D'accord !
Zur gleichen Zeit in Freiburg...
Kazh würde dieser Vogel auch gefallen!
Gar nicht weit weg...
Oh ! C'est très gentil ça, Oskar !
J'aimerais bien trouver un joli champignon pour papa !

De retour du côté de Kazh et Stefan...
So... und jetzt rechts abbiegen...
Hey! Hi, Konrad! Wie geht's?
Oh super! On arrive chez mon pote Konrad!
Hey, Kazh! Gut, danke! Und selbst?
Ça va, ça va!
Oh! Was ist passiert? Was hast du... à ton oreille?
Mein Ohr, meinst du?
Ja!
Oh nichts Schlimmes... Ein blöder Streit mit dem Kater vom Nachbarhof...
Ah!... Tut mir leid...
Du... echt gar nicht schlimm... Ich bin doch nicht aus Zucker!
Pas en sucre... Ha ha...
Komm mit, Kazh!

Heute zeig' ich dir die Räucherei...
Räucherei??? Moi, je ne connais que... "Bäckerei"...
"Metzgerei"...
et "Käserei"!
Ouaah!
Na... Was hältst du davon?
Youpi!
Ich bin...
...der Specktarzan!
Ah! C'est ça le... "Speck"?
J'adore ce "Kumpel"!
Mama! Sie spielen mit dem Essen!
Naja... Weißt du... Das sind ja böse Kater...
AS 19

Plus tard, dans la voiture...
Seltsam... Es riecht nach Räucherwurst ...
Génial! On arrive chez Alois et Erna!
Na, Frau Kaltenbach, wie sieht es mit ihrer Kuh aus?
Ich bin in großer Sorge, Dr. Fröhlich...
Hey, Kazh! Kumpel!
Alois!!!
Komm! Ich zeig' dir mal was!
Ok!
Wir haben uns schon gefragt, ob du unsere Babys noch klein erlebst...
Eure Babys?
Hallo Kazh!
Oh! Ouah! Plein de minous!
Ja... Unser Nachwuchs...

Eure Babys sind so süß!
Danke!
Wie heißt dieses Kätzchen?
Es heißt Mimi!
Bleib hier, du kleiner Racker!
Komm, Kazh! Heute steht der Milchhänger im Hof!
Milchhänger?
Ja, vom Milchlaster! Lass uns die übrigen Milchtropfen aus den Eimern im Kuhstall lecken...
Okay!
Alors... Je ne comprends pas tout, mais c'est quelque chose avec du lait...
Du meinst ...
... Milch trinken?
Ja, genau!
La vie à la ferme, c'est plutôt cool!

Später...
Das ist ein Milchhänger!
Ach ja... une remorque de lait!
Vielleicht! Ich kann ja kein Französisch...
Der Milchhänger bleibt für zwei, drei Tage auf unserem Hof... Und alle Bauer aus der Umgebung bringen ihre Milch hierher. So braucht der Milchlaster nur einmal hin und zurück fahren...
Miau!
Ach ja...
Bon, j'vous avoue, j'ai pas tout compris... Une histoire de lait...
Miau!
Oh! C'est pas Mimi, ça? Also... dein Baby?!
Stimmt! Unser kleiner Abenteuerer!
Miau!
ASC'19

Mimi? Was machst du denn hier?
Miau!
Oh! Schau'mal, Kazh! Ich glaube, dein Herrchen macht sich wieder auf den Weg...
Stimmt! Vite!
Tschüss, Alois! Es war super bei euch!
Du...
... Keine Ursache! Echt!
En route pour la dernière visite de la journée...
Wau!
Na? Ihr kennt mich doch!?
WAU!
FR.DH 18
WAU, WAU WAU!
Mais qu'est-ce qu'ils ont ces gros toutous?
WAU!
Bello! Rex! Schluß damit!
WAU
WAU!
Sie muss unbedingt wieder stehen. Ansonsten wird sich die Euter-entzündung verschlimmern...
Lassen Sie uns zu zweit probieren ihr dabei zu helfen!
AC.S '19

De retour à Freiburg...
PAPA!
Schau 'mal, Papa! Ein Pilz für dich!
Hey, Oskar! Das ist ja total lieb von dir, danke!
Bitte!
Stefan! Tu arrives pile pour le goûter!
Ja! Ich freue mich! Ich dusche schnell und dann komm' ich!
D'accord... Charlotte n'a d'yeux que pour le chouchou...
Wir haben dir ein Stück von deinem Lieblingskuchen gekauft!
Wow! Danke!
Allez! Maintenant, vous devenez des copains!
?
Non, mais ça va pas, non???
AS 19

Chapitre 5 : Mes copains, les matous de ferme

Page 64 :

Par un beau dimanche matin chez les Fröhlich …

K : Hallo, meine Freunde !

Heute nehme ich euch mit in den Schwarzwald …

O : Pourquoi est-ce que maman prépare une boîte à goûter ? C'est dimanche, aujourd'hui !

L : Papa est de service aujourd'hui !

O : Alors il ne vient pas faire la randonnée avec nous ? C'est dommage !

S : Non, malheureusement pas. Mais je rentre au plus tard pour le goûter de l'après-midi.

(Siehe Band 1, Seite 15 und 17)

V : Ja genau, er wird zum „Kaffee bzw. Schoki und Kuchen" zurück sein !

K : Ah ! Das ist gut so !

Page 65 :

K : Doch ich werde sie auf ihrer Wanderung auch nicht begleiten. Das habe ich bereits einmal gemacht …

… und meine kleinen Pfoten haben danach zu sehr geschmerzt.

K : Nein, ich werde Stefan auf seiner sonntäglichen Rundfahrt begleiten.

S : Alors … qu'est-ce qu'il me manque encore ?

K : Der Trick besteht darin, in der letzten Minute einzusteigen, während er sein Auto belädt …

Page 66 :

S : **Ah oui, des seringues …**

K : Da, er holt noch etwas Material.

S : Bon, maintenant, c'est bon, j'ai tout. Il ne manque plus que mon goûter (du matin) !

K : Er geht sein Vesper holen und gibt allen noch ein Küsschen. Also los, das ist der Moment !

S : Au revoir, mes chéris !

K : So, geschafft !

S : En route pour la ferme des Faller d'abord !

K : Ich frage mich, welche Kumpels ich heute sehen werde !

Page 67 :

S : Bonjour, Monsieur Faller !

Fermier 1: Bonjour, Dr. Fröhlich !

S : Comment allez-vous aujourd'hui ?

Fermier 1 : Moi ça va, merci ! Mais ma chèvre va de plus en plus mal.

S : On va voir ça tout de suite

Matou de ferme 1 (= Anton) : Oh! Monsieur Fröhlich! Est-ce que Kazh est avec lui, aujourd'hui ?

K : Hey, salut Anton !

Anton : Hey Kazh ! Mon pote ! C'est chouette de te voir !

K : Ich spreche noch nicht sehr gut Deutsch … … aber man versteht sich unter Katern !

Anton : Viens Kazh ! On va chasser quelques poules !

K : D'accord !

Page 68 :

K : **Poules,** das sind die Hühner !

Anton : Ha ha ! Tu as vu comme elles ont paniqué ?

Kazh : Oui ! Ha ha ha !

Anton : Ça m'a donné faim tout ça !

Anton : Tu veux un bout de lard ?

Kazh : De lard ?

Page 69 :

Voiture: Brumm Brumm !

Anton : Mince ! C'était super court ! Kazh : Oui... dommage !

Anton : Au revoir, Kazh ! A la prochaine !

K (pense): Schnell !

K : Au revoir, Anton !

Voiture : Brumm Brumm ! K : Und… hop !

S : C'est parti pour la prochaine urgence !

K : Er ist echt super-schön, der Schwarzwald ! Besonders im Oktober, mit seinen Tannenwäldern und den Bäumen mit schönen Herbstfarben.

Page 70 :

K : Man nennt das den **« Mois d'octobre doré » (= traduction littérale, que l'on connait en français sous le terme d'été indien).** Also, im Grunde genommen der „Altweibersommer". Das hat mir Myrtille beigebracht !

Ah… Myrtille…

K (**se souvient** / erinnert sich) : **M : cela signifie : « le mois d'octobre doré » !**

K : Ah, einverstanden !

Au même moment à Freiburg ...

M : Cet oiseau plairait aussi à Kazh.

Non loin de là ...

O : Ich würde gerne einen schönen Pilz für Papa finden !

V : Ah, das ist sehr lieb von dir, Oskar !

Page 71 :

Zurück bei Kazh und Stefan …

S : Alors... et maintenant je tourne à droite ...

K : Ah, toll! Wir kommen zu meinem Kumpel Konrad!

K : Hey! Salut, Konrad! Ça va ?

Hofkater 2 (= Konrad) : Hey, Kazh ! Bien, merci ! Et toi ?

K : Es geht, es geht !

K: Oh ! Qu'est ce qui s'est passé ? Qu'est-ce que tu as ... an deinem Ohr ?

Konrad : Mon oreille tu veux dire ? K : Oui !

Konrad : Oh, rien de grave, une dispute bête avec le matou de la ferme d'à côté ...

K : Ah! ... Je suis désolé !

Konrad : Oh, tu sais ... ce n'est vraiment pas grave! Je ne suis pas en sucre !

K : Nicht aus Zucker … ha, ha…

Konrad : Viens, Kazh !

Page 72 :

Aujourd'hui, je vais te montrer les fumoirs!

K : Des fumoirs ? Ich kenne nur **boulangerie, boucherie** und **fromagerie** !

K : Wow ! **Konrad : Alors... Qu'est-ce que tu en penses ?**

K : Yuhu ! **Konrad : Je suis le... tarzan du lard !**

K : Ah, das ist also der **lard !**

Enfant souris : Maman ! Ils jouent avec la nourriture !

Maman souris : Ra la la ... Tu sais.. Ce ne sont que de vilains matous ...

K : Ich liebe diesen **pote !**

Page 73 :

Später im Auto …

S : C'est bizarre … Ça sent la saucisse fumée …
K : Toll, wir kommen zu Alois und Erna !
S : **Alors, madame Kaltenbach, où en est votre vache?**
Frau Kaltenbach : Je me fais beaucoup de soucis, Dr. Fröhlich!
Hofkater 3 (= Alois) : Hey ! Kazh ! Mon pote !
K : Alois !
Alois : Viens, j'ai quelque chose à te montrer !
K : D'accord !
Alois : On s'est déjà demandé si tu allais voir nos bébés encore petits !
K : Vos bébés ?
Erna : Salut Kazh !
K : Oh ! Wow ! Ganz viele Kätzchen !
Alois : Oui … Nos petits !

Page 74 :

Kazh : Vos petits sont trop mignons !
Alois & Erna : Merci !
Kazh : Comment s'appelle ce chaton ?
Erna : Il s'appelle Mimi.
Erna : Reste ici, petit galopin !
Alois : Viens, Kazh ! Aujourd'hui, il y a la remorque de lait dans la cour !
K : La remorque de lait ?
Alois : Oui, du camion de lait ! **Viens! On va lécher les restes de lait des pichets dans l'étable !**
K : D'accord ! K: Also, ich verstehe nicht alles, aber es hat mit Milch zu tun …
K : Tu veux dire … … boire du lait ? **Alois : Oui, c'est ça !**
K : Das Leben auf dem Bauernhof, das ist ziemlich cool !

Page 75 :

Plus tard …
Alois : Voilà une remorque de lait !
Kazh : Ah oui ! Ein Milchanhänger !
Alois : Peut-être! Je ne parle pas français !
Alois : La remorque de lait reste dans notre ferme pendant deux à trois jours … Et tous les fermiers des alentours apportent leur lait ici. Ainsi, le camion de lait doit juste faire un seul aller-retour …
Mimi : Miaou!
Kazh : Ah oui … Kazh: Gut, ich gebe es zu. Ich habe nicht alles verstanden … Eine Geschichte mit Milch …
Mimi : Miaou !
Kazh : Oh !!! Ist das da nicht Mimi ? **Je veux dire, c'est ton petit, non ?**
Alois : Mimi ! Notre aventurier !!!
Mimi : Miaou !

Page 76 :

Alois : Mimi ? Qu'est-ce que tu fais là ?
Mimi : Miaou !
Alois : Oh ! Regarde, Kazh ! Je crois que ton maître se met de nouveau en route !
Kazh : C'est vrai ! Schnell !
Kazh : Au revoir, Alois ! C'était super chez vous !
Alois : Y'a pas de quoi ! Vraiment !

Unterwegs zum letzten Besuch des Tages…
Hofhunde : Waf ! Waf ! Waf !
S : Bah alors ? On se connait quand-même, non ?!
Hofhunde : Waf ! Waf ! Waf !
K : Aber was haben sie nur, diese großen Wauwaus ?
Hofhunde : Waf ! Waf ! Waf !
Bauer : Bello ! Rex ! Ça suffit !!!
Bauer : Elle doit absolument réussir à se redresser, sinon, l'inflammation des pies va empirer …
S : On va essayer de l'aider tous les deux!

Page 77 :

Zurück in Freiburg…

O : Papa !
S : Regarde, Papa ! Un champignon pour toi !
S : Hey, Oskar, c'est super gentil de ta part, merci !
O : De rien !
V : Stefan ! Du kommst genau zum Kaffee und Kuchen !
S : **Oui. Je me réjouis. Je me douche vite et j'arrive !**
K : Alles klar … Charlotte hat nur Augen für ihren Liebling …
O : On t'a acheté un bout de ton gâteau préféré !
S : Ouah! Merci!
O : Los! Jetzt werdet ihr Freunde !
K : Nein, das geht nicht, nein ???

K : Wer möchte noch eine **saucisse grillée** ? Konrad : Ich gerne !
TL : L'Allemagne … c'est vraiment bien!

⑥ Un amour de Kazh.

En fait, ce monument représente la victoire allemande lors de la guerre franco-prussienne en 1871 ...
Ah! ...
Oui ... Le „Siegesdenkmal" est là aussi pour se souvenir des hauts et des bas dans les relations franco-allemandes ...
Le devoir de mémoire ...
Oui, voilà!
Komm! Ich zeig' dir mal was!
Europaplatz
Schau das Schild vom Europaplatz! Da sind ein paar Informationen. Ich lese mal vor und du versuchst zu verstehen, okay?
D'accord!
„Der Name steht für die deutsch-französische Freundschaft sowie den Frieden und die Solidarität innerhalb der Europaïschen Union."
... le nom!
... franco-allemand!
... l'amitié!
... la paix!
... la solidarité!
... dans l'Union Européenne!

Bravo, Kazh!
Merci!
Das stimmt!
Il y avait beaucoup de mots transparents...
Myrtille... j'ai un... un cadeau pour toi!
Ein Geschenk für mich?
Ja!... Enfin... Warte... Je vais le chercher...
J'espère qu'elle va aimer...
Ouf! Il est encore là!
Schau'mal! Das ist für dich!
Wow! Eine Butterbrezel!
Danke! Tu l'avais caché derrière ce „Glascontainer"?
Oui, pour te faire la surprise!
Das ist ja richtig lieb von dir!
Gerne geschehen!
Wollen wir sie teilen? Da drüben? Beim Bächle?
Si tu veux...
Weißt du was? Es ist eine ganz spezielle Butterbrezel!
Ach ja?

Oui! C'est la recette de Valentine! Elle beurre toujours les bretzels...
... mit salziger Butter?
Comment tu as deviné?
Le beurre salé, c'est typique de la Bretagne!
Et oui!
Hier eine Hälfte für dich!...
Merci!
... und eine für mich!
Schmeckt es dir?
Oh ja! Sehr! Meine erste bretonische Butterbrezel!
Ich bekomme nur ein bisschen Durst!
C'est clair! Avec tout ce sel!
AS 19
C'est bien pratique, ces p'tites Bächle!

Faut juste pas tomber dedans...
... par inadvertance !
Ah bon ?! Pourquoi ?
Oh non, pour rien...
?
Oh ! Schau mal, Kazh !
Mmmh !
Oh non ! C'est trop mignon ! Les oiseaux picorent notre bretzel !
Ja, wie süß !
Wir lassen sie in Ruhe, oder ?
Oui !
Parce que de toute façon, le meilleur dans les Butterbrezeln... c'est le beurre !
Hi, hi hi !
H
Europaplatz
Zähringen

Kurz darauf in der Münsterstraße...
Na, Oskar? Was möchtest du essen?
Eine Tofuwurst bitte, Papa!
Alors, Charlotte, tu es contente?
Oui!
J'ai pris le livre „Ich kann nicht lesen aber backen kann ich schon" pour Oskar!
Super! Il va nous faire de bons gâteaux!
Oui!
Et pour moi, le CD „Rapconte" des Zweierpasch!
Ah oui! Les rappeurs que nous avions vus en concert à Breisach!
Ouiiiii!
J'aimerais trop qu'ils viennent dans mon école aussi!
Ah! Da kommen unsere Damen vom Centre culturel français zurück!
Hallo ihr beiden! Ich habe Würste für uns alle geholt!

Später in der Rathausgasse...
Je suis le „Brezelkatze"!
Hi, hi!
Hey Kazh! Sind das nicht deine Herrchen?
Oh, oh!
Oh! Regardez! C'est Kazh!
Oh, les amoureux!
Je te promets, je ne sais pas pourquoi il dit ça!
Et bien, il passe du bon temps notre Kazh!
Und er hat eine Freundin gefunden!

Oh non!
Mein Bächleboot®!
1
2
Oh non! Le p'tit bateau d'Oskar!
3
Buuuuuuuhhh!!! Mein Bächleboot®!!!
T'inquiète p'tit gars!
Je vais le rattraper!
Buuuuuhh!
4
5
6
Je l'ai presque! Allez!!!
Eis Café
AS 19

Aïe !
Miau!
Je l'ai!
Aïe aïe aïe !
Mais ... Je l'ai! J'ai sauvé le p'tit bateau !
Kazh hat mein Bächleboot® gerettet !!!
Wie mutig !
Bravo Kazh!
Jetzt muss Kazh eine Freiburgerin heiraten !

*A Freiburg, on dit que si quelqu'un trébuche dans une Bächle par inadvertance, il /elle va se marier avec un Fribourgeois ou une Fribourgeoise !

** Paroles : „Capitán Mantarraya" de „El Fecha Negra".

* Paroles: „Welcome" de „El Flecha Negra".

Kapitel 6: Bächleglück

Seite 82 :

Par un beau samedi sur la place de l'Europe à Fribourg …

K : Hallo liebe Freunde ! Ich erwarte Myrtille ! Ich bin ein bisschen aufgeregt …

M : Salut Kazh ! **K : Salut Myrtille !**

M : Super ! Tu as retrouvé l'endroit !

K : Oui, oui! Place de l'Europe ! Das ist einfach zu finden ! **M: Et si symbolique pour notre amitié !**

K : Das ist klar ! K : Unsere F.. Freu… Freundschaft !

K : Vive l'amitié franco-allemande ! **M : Hi hi !**

Seite 83 :

M : Eigentlich stellt dieses Denkmal den deutschen Sieg im französisch-preußischen Krieg von 1871 dar.

K : Ah !...

M : Ja… Das Siegesdenkmal steht auch hier, um sich an die Höhen und Tiefen der deutsch-französischen Beziehungen zu erinnern … K : Eine Aufgabe unserer Geschichte … M : Ganz genau !

M : Viens, je te montre quelque chose !

M : Regarde le panneau de la place de l'Europe. On y trouve quelques informations. Je lis ce qu'il y a d'écrit et tu essaies de comprendre, d'accord ?

K: Einverstanden !

M (lit le texte sur le panneau en allemand) **& K** (l'interrompt en français pour traduire les mots qu'il comprend) **: „ Le nom** – …der Name ! – **symbolise l'amitié** - … die Freundschaft ! - **franco-allemande** - … deutsch-französische – **ainsi que la paix** - … den Frieden ! – **et la solidarité – die Solidarität - au sein de l'Union Européenne !** - … innerhalb der Europäischen Union! "

Seite 84 :

M : Bravo, Kazh ! K : Danke ! K : Es waren viele transparente Wörter enthalten !*

***(voir Tome 1, chapitre 13 / vgl. Band 1, Kapitel 13)** **M : C'est vrai !** K : Myrtille… ich habe ein… … Geschenk für dich !

M : Un cadeau pour moi ? **K : Oui! …** Nun… **Attends…** Ich werde es holen !

K : Ich hoffe, es gefällt ihr ! K : Uff! Es ist noch da !

K : Regarde ! C'est pour toi! **M : Ouah! Un bretzel au beurre!**

M : Merci! Du hast sie hinter diesem Glascontainer versteckt? K : Ja, um dich zu überraschen !

M : C'est vraiment gentil de ta part! **K : Avec plaisir!**

M : On se le partage? Là-bas? Au bord de la Bächle*? K : Wenn Du willst !

K : Tu sais quoi? C'est un bretzel au beurre très spécial! **M : Ah oui?**

*** Les Bächle (Bach = ruisseau, ¨- le = diminutif en Alemanisch) sont des petits ruisseaux datant du Moyen-âge qui traversent la vieille ville de Fribourg. Ils sont un symbole pour Fribourg et très appréciés, surtout l'été pour s'y rafraîchir les pieds ou jouer à faire naviguer des petits bateaux.**

Die Bächle (Verkleinerungsform von Bach im alemannischen Dialekt) sind kleine Wasserrinnen, welche auf das Mittelalter zurückgehen und die Altstadt von Freiburg durchziehen. Sie sind eine Art Symbol für Freiburg und sehr beliebt, besonders im Sommer, um sich die Füße zu erfrischen oder um mit kleinen Bötchen darin zu spielen.

Seite 85 :

K : Ja ! Das ist das Rezept von Valentine ! Sie bestreicht die Brezel immer…

M : … avec du beurre salé ? K : Wie hast Du das erraten ?

M : Die gesalzene Butter, das ist typisch für die Bretagne ! K : Ganz genau !

K : Une moitié pour toi !... M : Danke !

K : Et l'autre pour moi ! **K : C'est bon?**

M : Oh oui ! Mon premier Bretzel breton au beurre salé.

M : J'ai juste un peu soif ! K: Das ist klar ! Mit dem ganzen Salz !

K : Das ist echt praktisch mit den kleinen « **Bächle »*** **(voir page 62, vgl. Seite 62)**!

Seite 86 :

M : Man darf nur nicht reinfallen… …. versehentlich !
K : Ach ja !? Warum ?
M : Ach nichts… Nicht wichtig…
M : **Oh ! Regarde, Kazh !** Vogel : Mmmhh !
K : Nein ! Das ist zu süß! Die Vögel picken unsere Bretzel !
M : Oui, c'est trop mignon !
M : On les laisse tranquilles, ou bien? K : Ja !
K : Denn auf jeden Fall ist das Beste an den Butterbretzeln die Butter ! **M : Hi hi hi !**

Seite 87 :

Un peu plus tard dans la rue de la cathédrale …
S : Alors, Oskar? Qu'est-ce que tu veux manger?
O : Une saucisse au tofu, s'il-te-plait, papa!
V : Und, Lotte, bist Du zufrieden ?
L : Ja! Für Oskar habe ich das Buch genommen « Je ne sais pas lire, mais je sais cuisiner »* !...
V : Toll ! Er wird uns gute Kuchen machen ! L : Ja !
L : Und für mich die CD **« Rapconte »** von **Zweierpasch**** !
V : Ach ja ! Die Rapper, die wir auf einem Konzert in Breisach gesehen haben !
L : Jaaaa ! L : Ich hätte zu gerne, dass sie auch an meine Schule kommen !
S : Ah ! Voici nos dames qui reviennent du „französischem Kulturzentrum" !
S : Coucou vous deux ! J'ai acheté des saucisses pour tout le monde !
**** Ce livre de Lucie Orliange existe « pour de vrai » ☺ aux éditions Bernest.***
Dieses Buch von Lucie Orliange gibt es auch „in echt" ☺ beim Bernest-Verlag.
***** Ce CD et ce groupe de hip hop franco-allemand existent également « pour de vrai ». Je vous conseille de faire un tour sur le site de Zweierpasch pour découvrir toutes leurs chansons. Till et Felix ont également un projet « Ecole du Flow » avec lequel ils enseignent la politique, l'histoire, la langue et la musique en classe.***
Diese CD und die deutsch-französische Hip-Hop-Band gibt es auch « in echt ». Ich empfehle euch einen Besuch auf der Internet-Seite von Zweierpasch, um alle ihre Lieder kennenzulernen. Till und Felix haben auch das Projekt „Schule des Flow" gestartet, mit dem sie Politik, Geschichte, Sprachen und natürlich Musik in Schulklassen unterrichten.

Seite 88 :

Plus tard dans la ruelle de la mairie
K : Ich bin die **chat bretzel** ! **M : Hi, hi!**
M : Hey, Kazh ! Ce ne sont pas tes maîtres là-bas ?
K : Oh, oh !
L : Oh, schaut mal ! Das ist Kazh ! V : Und wirklich, er verbringt eine gute Zeit, unser Kazh !
S : Et il a trouvé une copine, on dirait ! O : Verliebt, verlobt, verheiratet ! (wörtlich: Die Verliebten !)
K : Versprochen, ich weiß auch nicht, warum er das sagt !

Seite 89 :

O : Oh nein !!! **Mon Bächleboot*** !** K : Oh nein ! Das kleine Boot von Oskar !
O : Bouuuuuhhhhh !!! Mon Bächleboot !!! K : Ganz ruhig, kleiner Junge ! K : Ich fange es gleich !
O : Bouuuhhhhh!!!!! K : Ich habe es fast !!! Los geht's !!!
****** Les «Bächleboote» existent également «pour de vrai» et sont fabriqués par les ateliers Reha à Fribourg.***
**** Die „Bächleboote" gibt es auch „in echt" und sie werden von den Reha-Werkstätten in Freiburg hergestellt.*

Seite 90 :

K : Ich hab's ! K : Aua ! K: Miau! K : Aua, aua, aua…!

K : Aber ich hab’s ! Ich habe das kleine Boot gerettet !
O : Kazh a sauvé mon Bächleboot !
M : Quel courage !
V : Bravo, Kazh !
S : Maintenant, Kazh doit se marier avec une fribourgeoise !

Seite 91 :

O : Ganz genau, jetzt musst Du diese Miezekatze heiraten ! *
K : Aber warum sagt er das ??? **M : Hi hi hi !**
** In Freiburg sagt man, dass man einen Freiburger oder eine Freiburgerin heiraten muss, wenn man aus Versehen in ein Bächle tritt !*
Musik : Notes de musiques.
O : Nimm ein Stück Wurst ! Weil du ein Held bist !
K : Igitt ! K : Miaou ! K : Was war denn das ?
M : Hi hi hi! Je crois bien que tu as reçu un bout de saucisse au tofu !
Musik (Lied der Band El Flecha negra auf Spanisch) : „Capitan Matarraya…“**
K & M : Oh !
Musik (idem) : „ ...salio a navegar, y en la noche de…“** L & S : Oh !
Musik (idem) : „ ... Freiburg se vino a quedar…“**
Übersetzung: „ ... ist zur See gefahren und in der Freiburger Nacht geblieben.”**
Traduction: «... a navigué et est resté dans la nuit de Fribourg.»
L : Aber das ist doch die Band El Flecha negra*** ! **S : Ach, ja ! Toll !**
(** Text: „Capitán Mantarraya” von El Flecha Negra.)

Le groupe multiculturel, El Flecha negra, qui s’est formé à Freiburg est également un incontournable! Parce qu’apprendre une langue, c’est bien ! En apprendre plusieurs, c’est encore mieux !
Die multikulturelle Band El Flecha negra, welche in Freiburg gegründet wurde, ist auch ein absolutes Muss! Denn es ist toll, eine Sprache zu lernen! Aber mehrere zu lernen, das ist noch besser!

Seite 92 :

Musik : Musiknoten K : Ist das ein Konzert ? **Comme ça là ? … Spontanément ?**
M : Oui, exactement ! C’est l’une des nombreuses surprises que réserve Freiburg !
Musik (Lied von der Band „El Flecha negra“ auf Spanisch): „Welcome ! Bienvenido !“*
Übersetzung: „Willkommen ! Willkommen !”*
Traduction: «Bienvenue ! Bienvenue !»*
M : J’adore ce groupe de musique !
A la fin de l’après-midi, Kazh, Myrtille et toute la famille Fröhlich dansent sur la musique du groupe El Flecha negra… Musik : „Hermano, amigo, quedate conmigo …”*
Übersetzung : „Bruder, Freund, bleib bei mir...”*
Traduction : «Frère, ami, reste avec moi...»*
K : Ich mag mein Leben in Deutschland einfach zu sehr !
(* Text: „Welcome” von El Flecha Negra.)

Ende des zweiten Bandes.

Avec tous nos remerciements à: / Wir bedanken uns bei :

- **toute l'équipe du /** dem ganzen Team des **Centre Culturel Français de** / in **Freiburg**
- **le groupe** / der Band **El Flecha Negra in** / à **Freiburg**
- **Till & Felix du groupe** / von der Band **Zweierpasch in Freiburg** & **Strasbourg**
- **Lola Wolff, notre photographe de /** unserer Fotografin aus **Mardeuil** & **Saarbrücken**

Liens / Links

Retrouvez tous les autres ouvrages des éditeurs Bernest sur le site :

Alle anderen Werke des Bernest-Verlages finden Sie über die Webadresse:

www.bernest.at

Ainsi que des liens, l'exploitation pédagogique (progressivement complétée, à partir de novembre 2019) ainsi que les événements « Kazh et Myrtille » à ne pas manquer en allant sur le site de l'auteure :

Weitere Links und pädagogisches Begleitmaterial (kontinuierlich ergänzt ab November 2019), sowie Veranstaltungen mit „Kazh und Myrtille", die Sie nicht verpassen sollten,

erhalten Sie auf der Webseite der Autorin:

www.aurelyshanami.com/